BERG
WERK
HERZ

Für Wichteline

Stefan Bauerfeind

Die Henne Hennriette
oder
das Huhn, das wie ein Adler fliegen wollte

Illustrationen von
Lydia Neuschmelting

© 2021 Stefan Bauerfeind

Illustrationen: Lydia Neuschmelting

Verlag und Druck: tredition GmbH, Halenreie 40-44, 22359 Hamburg

978-3-347-37264-1 (Paperback)
978-3-347-37265-8 (Hardcover)
978-3-347-37266-5 (e-Book)

Das Werk, einschließlich seiner Teile, ist urheberrechtlich geschützt. Jede Verwertung ist ohne Zustimmung des Verlages und des Autors unzulässig. Dies gilt insbesondere für die elektronische oder sonstige Vervielfältigung, Übersetzung, Verbreitung und öffentliche Zugänglichmachung.

Bibliografische Information der Deutschen Nationalbibliothek:
Die Deutsche Nationalbibliothek verzeichnet diese Publikation in der Deutschen Nationalbibliografie; detaillierte bibliografische Daten sind im Internet über http://dnb.d-nb.de abrufbar.

Es war ein schöner Morgen in den Alpen und die Menschen und Tiere auf dem Berghof der Familie Huber genossen die kräftigen Sonnenstrahlen. Die Kühe waren gemolken und grasten zufrieden mit ein paar Schafen und drei kleinen Lämmern auf der Alm, die Gänse und Enten watschelten vergnügt im Gras, die Schweine suhlten sich im feuchten Dreck und die Hühner hatten ihre Eier gelegt und pickten zufrieden ihr Futter vom Boden.

Doch plötzlich machte sich Unruhe unter den Tieren breit. Hoch oben am wolkenlosen Himmel erschienen die Umrisse eines großen Vogels, der scheinbar schwerelos seine Kreise zog. Immer tiefer schwebte der Vogel und Hahn Hartmut erkannte zuerst, dass es sich um einen großen Adler handelte.

Mit lautem *Kikerikiii* begann er, die Tiere auf dem Hof zu warnen. Die Gänse und Enten rannten so schnell wie möglich in die offene Scheune, die Schafe scharten sich um die Lämmer. Selbst die Kühe schauten mit großen Augen nach oben und die Hühner flatterten wild umher und suchten Schutz in ihrem Stall.

Nur die kleine, pummelige Henne Hennriette bewegte sich nicht und starrte wie gebannt in den Himmel. Ihr weißes Federkleid mit den schwarzen Schwanzspitzen machte sie zu einem guten Ziel für den Adler, doch daran dachte sie gerade nicht. Einmal so majestätisch durch die Lüfte gleiten, das müsste wunderbar sein. Und während sie verzückt den Flugbahnen des Adlers folgte, versuchte Hahn Hartmut sie verzweifelt in den Stall zu locken.

»Hennriette los mach schon«, krähte er, aber Hennriette war wie versteinert - nur ihre Augen verfolgten jeden Flügelschlag des Adlers.

Dieser stürzte plötzlich kopfüber pfeilschnell vom Himmel, um erst ganz kurz vor dem Boden seine Flügel wieder zu öffnen und abzubremsen.
Mit weit gespreizten Krallen griff er sich ein kleines Kaninchen, das wohl nicht aufgepasst, hatte und entschwand schon wenige Augenblicke wieder in die Lüfte. Langsam legte sich die Aufregung auf dem Berghof, nur Hahn Hartmut schimpfte wie ein Rohrspatz mit Henriette: »Wie kann man nur so leichtsinnig sein? Das hättest du sein können anstelle
des Kaninchens«, wetterte er, doch Hennriette war immer noch ganz verzückt von den Flugkünsten
des Adlers und in ihr reifte der Entschluss: So will ich auch fliegen können, nur wie kann ich das lernen?

»Ich will so fliegen können, wie der Adler«, sagte Sie zu Hahn Hartmut, der gerade mal kurz Luft holte vom Schimpfen nur um gleich darauf vor lauter Lachen über Hennriettes Wunsch fast vom Zaun zu kippen.

»Aber Henriette«, prustete er, »du weißt doch, dass wir Hühner keine Meisterflieger sind. Für ein paar Meter über dem Boden oder auch mal in einen kleinen Baum - dafür reicht es gerade so und du kleines Pummelchen schaffst doch nicht mal das richtig! Also schlag dir das aus dem Kopf. Hühner gehören auf den Boden und in den Stall!«
Sprachs und Schritt erhobenen Hauptes aber immer noch lachend in Richtung seiner Hühnerschar, die mittlerweile auch fröhlich vor sich hin gackerten und sich über Hennriette lustig machten.

Die hockte mit gesenkten Kopf ganz traurig auf dem Zaun und verdrückte eine kleine Träne.
Vielleicht hatte Hahn Hartmut ja recht, so richtig fliegen können wir Hühner nicht wirklich, aber
wenn es mir jemand zeigen würde und mich sogar richtig trainiert, dann könnte ich es doch lernen, **dachte sie,** und wer könnte es mir besser beibringen als der Adler selbst!

Und so nahm sich die kleine pummelige Henriette vor, schon am nächsten Tag beim ersten Morgenrot in die Berge zu ziehen und den Adler zu suchen, damit er Ihr das richtige Fliegen beibringen sollte.

Noch bevor die ersten Sonnenstrahlen Hahn Hartmut wachkitzeln konnten, war Hennriette auf ihren kurzen Beinen und obwohl sie vor lauter Aufregung kaum geschlafen hatte, fühlte sie sich topfit.

Sie schlich sich aus dem Hühnerstall und machte sich vergnügt auf den Weg in die Berge, denn ganz dort oben musste der Adler seinen Horst haben und da wollte Sie hin.

Mit ihren kurzen Beinen kam sie aber nicht wirklich gut voran und so schlug sie immer nach ein
paar Schritten mit ihren kleinen Flügeln. Sie hob etwa einen halben Meter vom Boden ab und flatterte
vier oder fünf Meter, um dann wieder auf den Boden zu plumpsen. *Ganz schön anstrengend*, dachte Hennriette, *aber auch schon mal ein gutes Training*. Immer weiter ging es den Berg hinauf.

Als Sie eine ganze Weile so immer höher gestiegen war, schaute die Sonne das erstmal über die Berggipfel. Hennriette hielt an, drehte sich um und weit unten sah sie ihren Hof und ganz leise vernahm Sie das heissere Morgen *Kikeriki* von Hahn Hartmut.
Für einen ganz kleinen Moment packte Sie das Heimweh, doch dann drehte sie sich um und begann wieder mit dem Aufstieg!

Stunde um Stunde ging es im Geh-Flug Rhythmus so weiter und plötzlich stand die Sonne ganz oben am Himmel. Hennriette hielt inne, schaute sich um und konnte den Hof nicht mehr erkennen - nur noch das saftig Grün der Almwiesen und das steinerne Grau der Bergfelsen.

Zeit für eine kleine Rast im Schatten, dachte Henriette und hielt Ausschau nach einem geeigneten Plätzchen. Sie entdeckte einen kleinen Baum und ganz in der Nähe sogar einen Gebirgsbach, der murmelnd ins Tal floss. Na bestens, fand Henriette, wenn ich jetzt auch noch 'nen fetten Regenwurm ein paar Käferlarven oder Getreidekörner finde, könnte es mir nicht besser gehen.

Erst nahm Sie einen tiefen Schluck aus dem Bach. Das Wasser schmeckte klar und frisch. Sie sah sich den Erdboden genau an, pickte ein paarmal und tatsächlic steckte ein vorwitziger Regenwurm seinen Kopf aus der Erde. *Schwupp* hatte Henriette ihn erwischte und verschlungen.
So gestärkt flog Sie mit einigen Flügelschlägen in den kleinen Baum. Es reichte zwar nur für die untersten Äste, aber Henriette war mit sich zufrieden und vergrub ihren Kopf in ihrem Federkleid für ein kurzes Mittagsschläfchen.

Zwei Stunden nachdem Hennriette den Hof in Richtung Adlerhorst verlassen hatte, weckte Hahn Hartmut beim Erscheinen der ersten Sonnenstrahlen die Tiere und Menschen des Berghofes mit einem lauten und langen *Kikeriki*. Es fiel ihm zuerst nicht auf, dass eine Henne fehlte, aber als die Hühner langsam aus ihrem Stall kamen, wurde er stutzig.

Da fehlt doch eine, dachte er sich und begann sofort mit der Suche. Schnell wurde ihm klar, das Hennriette verschwunden war. Er flatterte aufgeregt zwischen den anderen Tieren des Hofes hin und her und fragte sie, ob sie Hennriette gesehen hätten, aber niemand wusste etwas. Weil Hartmut durch seine Aufregung dabei richtig laut *kikerikit* hatte, kam der Bauer aus dem Haus, um zu sehen, was der Lärm sollte.

Er schaute seinen aufgeregt herumflatternden Hühnern ein wenig zu, um dann festzustellen, dass da wohl ein Huhn fehlte. Auch er suchte sofort nach der Henne, aber schon nach kurzer Zeit kam er zu dem Schluss, das wohl der Fuchs das dumme Huhn geholt haben musste und er begann mit seiner täglichen Arbeit.

Die gackernde Hühnerschar und die anderen Tiere des Hofes suchten noch eine Weile, aber gegen Mittag kehrte wieder der normale Alltag auf dem Hof ein und man fand sich mit dem Verschwinden von Hennriette ab.

Hennriette schlief tief und fest, als ein heftiger Windstoß sie fast von ihrem Ast wehte. Hennriette war sofort hellwach und musste feststellen, dass sie wohl einige Stunden geschlafen hatte. In der Zwischenzeit hatte sich das Wetter total verschlechtert.

Der Himmel war schwarz vor Gewitterwolken, die ersten Blitze zuckten schon, der Donner kam immer näher und der Wind hatte sich in einen heftigen Sturm gewandelt. Hennriette hielt sich verzweifelt an ihrem Ast fest und ihr Herz schlug ihr bis zum Hals. Sie sehnte sich in ihren sichern Hühnerstall zurück.

Gerade als wieder ein gewaltiger Windstoß Hennriette durchschüttelte, hörte sie eine Stimme in dem ganzen Getöse: »Hallo kleines Hühnchen. Ganz schön ungemütlich da oben - wenn du willst, kannst du gerne mit in meine warme Höhle kommen.«
Hennriette blickte den Baumstamm hinunter und da saß ein großer Fuchs, der sie mit großen Augen und offenen Maul anstarrte.
»Mein Bau ist gleich um die Ecke«, hörte sie den Fuchs sagen und für einen kurzen Moment kam ihr sein Vorschlag gar nicht so schlecht vor, denn mittlerweile prasselte der Regen aus den schwarzen Gewitterwolken.

Wieder forderte sie der Fuchs auf, ihm doch in seinen trockenen und warmen Bau zu folgen und obwohl der Gewittersturm immer schlimmer wurde, rief sie ihm zu: »Danke für das Angebot aber ich bleibe lieber, wo ich bin! Das Wetter wird bestimmt bald besser werden und ich will nicht als Abendessen enden!«

Der Fuchs seufzte enttäuscht, entschied sich aber noch, etwas um den Baum herumzuschleichen. *Vielleicht weht mir der Sturm doch noch das Hühnchen ins Maul*, dachte er sich und wurde nässer und nässer.

Hennriette klammerte sich mit all ihrer Kraft an ihren Ast, der vom Sturm gepeitscht wurde. Ganz langsam beruhigte sich das Unwetter und sie wurde immer müder. Der Fuchs hatte mittlerweile das Weite gesucht und so fielen ihr die Augen zu und in einen tiefen festen Schlaf.

Sie träumte gerade, wie sie einem Adler gleich, schwerelos durch die Lüfte schwebte, als ein vorwitziger Sonnenstrahl durch die Blätter des Baumes sie so an ihrem Schnabel kitzelte, dass sie so heftig niesen musste, dass sie fast von ihrem Ast fiel.

Guten Morgen liebe Sonne, dachte sie und schüttelte sich die letzten Regentropfen aus dem Gefieder.
Sie blickte sich vorsichtig, auf der Wiese, auf der der Baum stand, um.
Keine Spur von Meister Fuchs, der hat wohl aufgegeben, dachte sie und obwohl sie sehr hungrig war, flatterte sie schnell von ihrem Ast.
Sie machte sich - ohne nach einem Frühstückswurm zu suchen - wieder auf den Weg bergauf.Henriette kam gut voran. Die angenehme Kühle dieses Sommermorgens motivierte sie zu immer größeren Flugphasen und es kam ihr so vor, als ob sie immer kräftiger wurde.

Nachdem sie so ein paar Stunden den Berg hinauf geeilt war, brannte die Sonne jetzt doch recht heftig vom Himmel und sie dachte so für sich, dass jetzt ein kleiner Snack nicht schlecht wäre.

Hennriette hielt an und blickte sich um. Die Landschaft hatte sich gewandelt, kaum noch Bäume und die saftigen Wiesen waren fast ganz einer Felswüste gewichen. Sie fand nur ein paar Körner von wildwachsendem Getreide und gegen ihren Durst halfen die wenigen Tautropfen, die noch an den kleinen Grashalmen hingen nicht wirklich.

Ein klein wenig gestärkt setzte sie ihren Weg zum Gipfel fort, aber so richtig gut lief es nicht mehr. Henriette fühlte sich immer schwächer und als die Sonne langsam hinter den Berggipfeln verschwand, war sie so erschöpft, dass sie einfach am Rande des Weges auf einem kleinen Moosfleck niedersank und sofort einschlief.
Das Moos war warm, weich und duftete gut und so träumte Hennriette wieder vom Flug des Adlers.

Mitten in der Nacht fing es leicht an zu regnen, wodurch Hennriette wach wurde. Erst ärgerte sie sich über die Tropfen, die ihr Federkleid durchnässten, aber dann erkannte sie, das dies eine gute Gelegenheit war, ein wenig Wasser zu trinken. Sie sperrte ihren Schnabel ganz weit auf und die Regentropfen fielen direkt hinein. Ihr Durst war gelöscht und sie fühlte sich um einiges besser, obwohl ihr Magen schon wieder etwas knurrte.

Der Vollmond und die Sterne leuchteten am klaren Nachthimmel. *Da könnte ich doch schon meinen Aufstieg fortsetzen*, dachte sich Henriette, schüttelte kurz ihr Gefieder aus und flatterte im Licht der Gestirne am Firmament den steilen Pfad hinauf.

Als der Morgen graute, war Hennriette immer noch gut unterwegs. Nur der Himmel machte ihr Sorgen, denn anstelle der aufgehenden Sonne zeigten sich große schwarze Wolken und der Wind frischte merklich auf. Links und Rechts des steinigen Weges gab es kaum noch Pflanzen und auch irgendetwas Fressbares war nirgendwo zu entdecken.

Je höher Henriette kam, desto kälter wurde es, sie kämpfte gegen den immer stärker blasenden Wind und sah mit Schrecken, dass sich der Himmel immer mehr verfinsterte. Sie wusste zwar, dass sich das Wetter in den Bergen schnell verschlechtern konnte, aber so schnell hatte sie es noch nie erlebt und ihr wurde es immer mulmiger zumute.

Eine halbe Stunde später war es fast dunkel, obwohl es noch nicht mal Mittagszeit war und der starke Wind hatte sich in einen richtigen Sturm verwandelt.
Henriette kam kaum noch vorwärts, wenn sie versuchte ein wenig zu fliegen trieb sie der Sturm eher zurück und so schwanden ihre Kräfte immer mehr.
Sie konnte kaum etwas sehen und zu allem Überfluss fing es auch noch an zu regnen. Der Sturm peitschte ihr die Regentropfen ins Gesicht und das Gefieder wurde immer schwerer. Sie wurde immer schwächer und dann konnte sie nicht mehr weiter, es ging einfach nicht mehr.

Sie kauerte sich hinter einem Felsbrocken und wünschte sich, nie losgezogen zu sein und trotz des tosenden Sturms fielen ihr vor lauter Schwäche die Augen zu und sie fiel in einen tiefen Schlaf.

Als sie wieder wach wurde, hatte es aufgehört zu regnen und der Wind war nicht mehr so stark - eigentlich blies er ihr sogar das Gefieder trocken. Sie versuchte auf ihre kurzen Beine zu kommen und mit letzter Kraft schaffte sie es auf den Felsbrocken.

Um sich umzusehen, lugte sie über den Rand des Felsbrockens und genau in diesen Moment erfasste sie eine Windböe und riss sie über die Felskante in die Tiefe.

Hennriette schlug wie wild mit ihren kurzen Flügeln, aber sie war zu schwach und während es immer weiter abwärts ging, dachte sie, dass es das wohl war, warum wollte sie dummes Huhn auch fliegen wie ein Adler?

Gerade als sie sich mit ihrem Schicksal abgefunden hatte, bremste etwas, das aus vielen Ästen, Gras und Blättern bestand, ihren Fall.
Hennriette traute sich kaum, die Augen zu öffnen und als sie sich ganz vorsichtig umblickte, sah sie, dass sie in einem großen Adlerhorst gelandet war. Was für ein Glück und was für ein Zufall, dachte Henriette und entspannte sich langsam etwas.

Der Sturm ließ immer mehr nach und während sich Hennriette darüber freute, fiel ihr Blick auf zwei große weiß-braun gesprenkelte Halbkugeln in der Mitte des Nestes. Ganz vorsichtig näherte sie sich und erkannte, dass da zwei Adlereier lagen. Vorsichtig untersuchte sie die beiden Eier und musste feststellen, dass diese schon recht kalt waren, was bei dem Sturm ja kein Wunder war.

Wo wohl die Adler waren, denen die Eier gehörten, fragte sich Hennriette?

Während sie noch darüber nachdachte, spürte sie eine ganz leichte Bewegung aus einem der Eier. Sollte da etwa noch Leben in diesen Eiern sein?

Mit ihrem Schnabel pickte sie ganz leicht an die Schale des Eies und fühlte sofort, dass sich darin etwas ganz leicht bewegte. Sie pickte an das zweite Ei und auch hier spürte sie ein ganz schwaches Zucken. In den Eiern sind lebende kleine Adler, **dachte sie erschrocken,** aber die Eier sind noch nicht fertig ausgebrütet und wenn die Adler nicht sehr bald wiederkommen, werden die kleinen Adlerbabys das nicht überleben. Was kann ich nur tun, **fragte sich Hennriette verzweifelt** und plötzlich hatte sie einen Geistesblitz: Was können Hühner wirklich gut? Richtig - Eier legen und diese ausbrüten!

Gedacht, getan und schon setzte sich Hennriette auf die kalten Eier und weil diese doch um einiges größer als Hühnereier waren, plusterte sie ihr Federkleid so groß auf, wie es nur ging, um die Eier ganz zu bedecken. Ganz langsam erwärmten sich die Eier unter Hennriettes Gefieder, was sie mit einer gewissen Zufriedenheit erfüllte und langsam dämmerte sie in das Land der Träume. Hier flog sie wieder wie ein Adler, der majestätisch seine Kreise durch die Lüfte zieht.

Hennriette erwachte als sie ganz leichte Erschütterungen unter sich spürte. *Wie lange habe ich wohl geschlafen*, dachte sie und die Erschütterungen wurden deutlicher. Verdutzt erhob sie sich und gerade in diesem Moment drang die Spitze eines Schnabels durch eines der Eier und auch in dem anderen Ei waren deutlich Bewegungen zu sehen.

Oh nein die kleinen Adlerbabys sind am Schlüpfen, was soll ich nur machen, fragte sich Hennriette und geriet ein bisschen in Panik.
Sie starrte auf das immer größer werdende Loch im Ei, aus dem jetzt schon ein kleiner Adlerkopf heraus lugte. Immer heftiger drängte das Adlerküken aus dem Ei und auf einmal brach die Schale auseinander und das Kleine fiel ins Nest, fing sofort an zu kreischen und versuchte seine Flügel auszubreiten.

Noch war der weißgraue Flaum nass und das Küken sah aus wie ein begossener Pudel. Es *tschirrpte* immer lauter und probierte, auf die Beine zu kommen. Vorsichtig bewegte sich Hennriette auf das Adlerbaby zu legte einen ihrer Flügel über es, um es zu beruhigen.

Kaum, dass sich das erste Küken etwas entspannte, rumorte es in dem zweiten Ei und ein paar Sekunden später platzte auch diese Schale und das zweite Adlerbaby drängte in Freie.

Nun saß Hennriette also in einem Adlerhorst mitten an einer steil abfallenden Felswand, aus dem es für sie keine Fluchtmöglichkeit gab und zu allem Überfluss kreischten die zwei frischgeschlüpften Adlerbabys ganz fürchterlich und drängten sich ganz nah an Hennriette.

Hunger, **aachte Hennriette,** natürlich die zwei Bälger haben Hunger und sicher auch Durst - und diese Küken sind ja nicht wie Hühnerküken, die sofort nach dem Schlüpfen mit dem Futterpiken anfangen.
Aber wie sollte sie hier im Adlerhorst irgendetwas zu essen oder trinken besorgen?

Hennriette dachte angestrengt nach und dabei fiel ihr ein, dass sie ja selber schon lange nichts mehr zu essen oder trinken gehabt hatte. Verzweifelt schaute sie sich im Adlernest um. An einigen Zweigen und Ästen hingen noch einige Wassertropfen, die der Sturm übrig gelassen hatte und auf dem Boden des Nestes lagen zwischen Überresten von allen möglichen Tieren ein paar Stückchen Fleisch und Fisch.

Gut, sagte sich Hennriette, nahm ein kleines Stück Fisch in den Schnabel und versuchte, es in den weit aufgesperrten Rachen des ersten Adlerbabys zu stopfen.

Gierig riss das Kleine an dem Stück und würgte es hinunter, das andere spürte wohl, dass es was zu Essen gab und versuchte, sich nach vorne zu drängen und fiel dabei um. Ach ja, fiel es Hennriette ein, Adlerbabys sind ja kurz nach der Geburt noch blind. Sie half dem Küken wieder auf die Beine und auch diese bekam ein Stückchen Fisch. Hennriette nahm mit ihrem Schnabel sogar einige Wassertropfen auf und verteilte sie an die beiden Schreihälse.

Satt und zufrieden wurden die kleinen Adler schlagartig ganz müde und kuschelten sich unter Hennriettes Gefieder zusammen und schliefen ein.

Was mache ich nur, wenn die aufwachen und wieder Hunger und Durst haben?, dachte Hennriette. Regentropfen waren kaum noch in den Zweigen und Fleisch und Fisch war fast aufgebraucht und in ihr nagte auch ein immer größeres Hungergefühl. Über all diesen Gedanken nickte Hennriette selbst langsam ein.

Wie lange sie so gedöst hatte, wusste Hennriette nicht, aber das Krabbeln unter ihren Flügeln und einige kräftige Sonnenstrahlen weckten sie auf. Die Sonne stand hoch am Himmel und es war angenehm warm. Hennriette räkelte sich ein wenig, was für die kleinen Adlerschreihälse das Zeichen war, lautstark die nächste Fütterung zu fordern. Schnell suchte sie die letzten Reste an Fisch und Fleisch zusammen und versuchte damit die hungrigen Mäuler zu stopfen. Kurz gaben die zwei kleinen Adler Frieden, aber dann fing das Geschrei schon wieder an.

Nun war guter Rat teuer. Verzweifelt blickte sich Hennriette um, doch vergebens. Da entdeckte sie am Horizont zwei kleine schwarze Punkte, die rasch näher zu kommen schienen. Hennriette zwinkerte immer wieder mit den Augen, denn so richtig gut können Hühner ja nicht sehen.

Immer größer wurden die zwei Punkte am Himmel und schließlich erkannte Hennriette die Umrisse zweier Adler. Erst freute sich sie sich für die Adlerbabys, dass ihre Eltern doch zurückkommen und sie dadurch gerettet wäre, doch dann überfiel sie die Befürchtung, dass die Adlereltern es gar nicht lustig finden würden, dass Hennriette da mitten im Adlerhorst saß.

Ganz sicher sehen die in mir eine frei Haus gelieferte Beute, schoss es ihr durch den Kopf und sie fing an zu zittern - teils aus Angst und auch teils vor Hunger und vor Erschöpfung.

Mittlerweile waren die Adler schon fast an ihrem Horst angelangt und der Adlerpapa wunderte sich über den großen, weißen Federball in der Mitte des Nestes. Der Sturm hatte die Adlereltern weit von ihrem Horst und den zwei Eiern mit ihrem Nachwuchs darin fortgeweht und schließlich dazu gezwungen, am Boden auf das Ende des Sturms zu warten.

Als dieser vorüber war, machten sich beide sofort auf den langen Rückweg, befürchteten aber, dass sie viel zu lange weg gewesen waren und ihr Nachwuchs das in den ungeschützten Eiern nicht überlebt hatte.

Endlich erreichte das Adlerpaar seinen Horst und landete auf dem Rand des Nestes. Hennriette machte sich so klein wie möglich, versteckte ihren Kopf unter einem Flügel und versuchte, so wenig zu zittern, wie es irgendwie ging, obwohl sie gerade extrem viel Angst hatte.

Die Adlereltern schauten recht verdutzt in ihr Nest. Da lagen die Schalenreste der Adlereier, aber keine Spur von den Küken und in der Mitte lag ein großer weißer Federhaufen, der irgendwie leicht zitterte und unter dem sich irgendwas bewegte.

Gerade als sich Hennriette noch mehr bemühte, ganz bewegungslos zu sein, wühlten sich die zwei Adlerbabys unter ihrem Gefieder hervor. Beide hatten wohl instinktiv gespürt, dass ihre Eltern heimgekommen waren. Kaum unter Hennriettes Federkleid hervor geschlüpft, stimmten die zwei kleinen Schreihälse ein fürchterliches Hungergezeter an und drängten sich in Richtung ihrer Eltern.

Diese schauten, erst noch verdutzter als vorher, doch dann erkannten sie ihre Küken und nahmen sie überglücklich unter ihre Fittiche. Die Adlermama wusste sofort, dass ihre Babys dringend etwas zu fressen brauchten und schickte den Adlerpapa los um Futter zu besorgen. Dieser erhob sich mit ein paar kräftigen Flügelschlägen in die Lüfte und entschwand in Richtung des Bergsees.

Die Adlermama versuchte, ihre hungrig schreiende Brut etwas zu beruhigen, wobei ihr wieder dieser komische weiße Federhaufen ins Auge fiel. Erst pickte sie mit ihrem großen, gebogenen Schnabel ein wenig auf den Federn herum und dann griff sie mit den Krallen ihres Fußes in die Federn, um den Haufen umzudrehen.

Da tauchte plötzlich Hennriettes Kopf unter ihrem Flügel auf und die Adlermama ließ etwas erschrocken von dem Federhaufen ab. »Na Potz Blitz, wenn das kein Hühnchen ist«, entfuhr es ihr, »aber wie kommt ein lebendes Hühnchen denn in unser Nest?«

Hennriette zitterte nun wie Espenlaub, aber was hatte sie jetzt noch zu verlieren? Und so entschied sie sich für die Flucht nach vorn und fing mit zittriger Stimme an, der ungläubig dreinschauenden Adlermama ihre Geschichte zu erzählen.

»Ich wollte immer wie ein Adler fliegen und die Tiere auf meinem Bauernhof haben mich dafür ausgelacht. Dann hab' ich mich einfach auf den Weg in die Berge gemacht um den Adler zu suchen und ann hat mich der Sturm über die Felskante geblasen. Glücklicherweise bin ich in diesem Adlerhorst gelandet und dann hab ich die Eier entdeckt, die schon ganz kalt waren. Ich hab' sie ausgebrütet und versucht die Kleine nach dem Schlüpfen mit dem, was ich im Nest gefunden habe, zu füttern und sie zu wärmen und überhaupt!«

Und während sie immer noch ganz zittrig erzählte, schwanden ihr die Sinne und sie wurde ohnmächtig. Das letzte, was sie noch hörte, war das schallende Lachen der Adlermama.

Hennriette kam wieder zu sich als Wasser in ihr Gesicht tropfte. Als sie langsam ein Auge öffnete, blickte sie geradewegs in einen riesigen gelben Adlerschnabel. Sie erschrak und glaubte, ihr letztes Stündlein sei gekommen, denn dem Adler floss ja schon das Wasser im Schnabel zusammen. Sie erwartete das Schlimmste, doch stattdessen hörte sie die Adlermama sagen: »Ach guck mal, sie wacht langsam wieder auf. Gib ihr ruhig noch etwas Wasser, dann wird sie sicher gleich ganz wach sein.«

Hennriette hörte etwas auf zu zittern, öffnete beide Augen und setzte sich langsam auf. Ihr gegenüber saßen die Adlereltern und schauten sie aus ihren großen Raubvogelaugen an. Aber irgendwie sah das gar nicht mehr so gefährlich aus. Die beiden Adlerbabys schliefen satt und zufrieden zu den Füßen ihrer Mama und bevor Hennriette noch irgendetwas sagen konnte, beugte sich Mama Adler nach vorne und fing an, sich bei Hennriette für die Rettung ihrer Adlerbabys zu bedanken.

Sie erzählte, dass der Sturm sie weit fortgetragen hatte, und sie es sicher nicht mehr rechtzeitig zurückgeschafft hätten, um die Eier noch auszubrüten, und das Hennriette das alles ganz toll gemacht hätte und man ihr unendlich dankbar sei.

Hennriette hörte der Adlermama ungläubig zu als plötzlich ein sehr lautes Knurren ertönte. Hennriette erschrak, aber nur ganz kurz, denn das Knurren kam aus ihrem Magen. Der Adlerpapa, dem seine Frau die ganze Geschichte schon erzählt hatte, lachte dröhnend und legte einige schon in schnabelgerechte Stücke zerteilte große Regenwürmer vor sie hin und sagte mit tiefer Stimme: »Lass es dir schmecken, Hühnchen, dass du bald wieder zu Kräften kommst.«

Henriette war so hungrig das sie keine Sekunde überlegte und sich das erste Stück Wurm schnappte und dann noch eins und noch eins - bis alles weg war. Die Adlereltern schauten belustigt zu und als Hennriette am Schluss laut rülpsen musste, lachten sie fröhlich vor sich hin.

Langsam ging die Sonne hinter den Bergen unter und der Adlerpapa sagte mit tiefer Stimme, dass es nach so einem aufregenden und anstrengenden Tag langsam Zeit für ein wenig Schlaf wäre und man sich ja morgen überlegen könne, wie Hennriette wieder zurück zu ihrem Bauernhof kommen könnte.

Gesagt, getan und so kuschelten zwei kleine und zwei große Adler und eine völlig zufriedene und satte Hennriette sich im Adlerhorst zusammen. Bald hörte man nur noch das tiefe Schnarchen des Adlerpapas in der Nacht.

Am nächsten Morgen, die Sonne war gerade am Horizont aufgegangen, erwachte Hennriette durch das *Ich-will-fressen-Geschrei* der Adlerbabys, die bereits von der Adlermama gefüttert wurden.

Hennriette streckte ihre kurzen Beine und dehnte ihre kleinen Flügel. Sie fühlte sich frisch und ausgeruht und es schien ein schöner Tag zu werden. Jetzt müsste ich nur noch irgendwie nach Hause kommen - aber wie?

In diesem Moment spürte sie über sich Flügelschlagen und der Adlerpapa setzte zur Landung im Nest an. Er hatte zwei fette Würmer im Schnabel, ließ sie vor Hennriette fallen und brummte: »Hier zum Frühstück, Hühnchen.« Sie bedankte sich und verdrückte dann schnell die Würmer, wobei sie sich den Adlerpapa ganz genau anschaute. Der ist schon wirklich riesengroß, **dachte sie,** diese mächtigen Schwingen, der kräftige Schnabel und die furchterregenden Krallen und wie der durch die Lüfte gleitet.

Hennriette war schon wieder am Träumen, vom Fliegen wie ein Adler, als sie die tiefe Stimme vom Adlerpapa hörte: »Hühnchen, eins ist ja klar, hier im Adlerhorst kannst du nicht bleiben und ich hab mir überlegt, wie du wieder zurück zu deinem Bauernhof kommen sollst, und das Beste dürfte sein, ich flieg dich nachher einfach dorthin!«

»Mich dorthin fliegen?«, stotterte sie. Hennriette musste wohl gerade sehr verdutzt aus den Federn geschaut haben, denn die Adlereltern fingen wieder an zu lachen und Adlerpapa sagte immer noch glucksend vor Lachen: »Ja glaubst du denn, ich schaff so ein Leichtgewicht wie dich nicht?«

»Doch, doch«, versicherte Hennriette, aber irgendwie wusste sie doch nicht so genau, wie sich der Adlerpapa das vorgestellt hatte.

»Aber jetzt verdau erst mal dein Frühstück und dann kannst du dich von Adlermama und den Babys verabschieden«, hörte Hennriette den Adlerpapa sagen und sie dachte bei sich, was sie doch bisher für ein Abenteuer erlebt hatte und dass es noch nicht vorbei war.

Die Sonne stand mittlerweile hoch am Himmel und der Adlervater streckte seine großen Schwingen und schlug ein paar mal mit ihnen.

»Hühnchen«, sagte er, »komm es wird Zeit, sich zu verabschieden« und Hennriette wurde es nun doch ein wenig wehmütig ums Herz. Sie hüpfte zu den noch immer blinden Adlerbabys und kuschelte beide nochmal ganz kräftig mit ihren kurzen Flügeln. Dann kam die Adlermutter mit weit ausgebreiteten Schwingen auf sie zu und drückte sie ganz tief in ihr Federkleid.
»Danke das du meine Babys gerettet hast, das werden wir dir nie vergessen. Wir wünschen dir ein glückliches und zufriedenes Leben und nochmal danke.«

Hennriette verdrückte eine kleine Träne, doch zu mehr blieb ihr keine Zeit, denn der Adlerpapa drängte zum Abflug.

»So, Hühnchen, jetzt setz dich mal in die Mitte des Nests und spreiz deine Flügel so weit ab wie du nur kannst!« Hennriette tat, wie er es ihr gesagt hatte, und kaum hatte sie ihre Flügel abgespreizt, erhob sich der Adlervater mit zwei, drei Flügelschlägen in die Luft, genau über ihr, seine Krallen packten sie vorsichtig aber kräftig genug um ihren Körper und mit dem nächsten Schlag dieser Riesenschwingen erhob sich der große Adler mitsamt Hennriette in seinen Krallen in die Lüfte. Hennriette erschrak erst, als sie unter sich die tiefe Schlucht sah, über die der Adlerhorst an der Felswand saß, aber schon flog Adlerpapa mit ein paar kräftigen Flügelschlägen noch höher hinauf und sie sah unter sich das Nest mit der zum Abschied mit ihren Flügel winkenden Adlermama und den schon wieder nach Futter schreienden Adlerbabys.

Mit jedem Schlag seiner mächtigen Schwingen ging es weiter hinauf und der Adlerhorst wurde immer kleiner.

Ihr gefiel das Sausen des Windes durch ihr Gefieder und sie spreizte ihre Flügel, so weit sie konnte und genoss das Auf und Ab der Lüfte.

Sie wurde immer euphorischer und rief: »Höher, Höher, Schneller, Schneller!«
Der Adlervater lacht und erfüllte ihr ihren Wunsch und segelte in weiten Kreisen hin und her.

Auf dem Bergbauernhof der Hubers ging es langsam auf die Mittagszeit zu. Nach den üblichen Arbeiten am Morgen wie Kühe melken, Eier einsammeln, Stall ausmisten und Futter verteilen war jetzt etwas Ruhe eingekehrt.

Die Tiere entspannten in der Sonne und die Bäuerin war im Haus, um das Mittagessen vorzubereiten. Hahn Hartmut saß auf seinem Gatter und überblickte die ganze Szenerie zufrieden mit sich und der Welt. Sein Blick schweifte auch hoch zu den Berggipfeln und in den Himmel und da entdeckte er ganz hinten am Horizont einen schwarzen Fleck, der sich langsam kreisend hin und her bewegte.

Hartmut zwinkerte mehrfach mit den Augen und da die Sonne ihn blendete, kniff er sie ganz eng zusammen und wollte dann doch kaum Glauben, was er da erkennen musste. Ein riesiger Adler zog seine Kreise am Himmel und kam dem Hof immer näher. Der Adler hatte etwas weisses, fedriges in seinen Fängen.

Hartmut wollte die Tiere mit einem lauten *Kikeriki* alarmieren, aber vor lauter Aufregung verschluckte er sich und aus seinem Hals kam nur ein komisches Krächzen. Einige seiner Hennen schauten verwundert zum ihm hinüber und erschraken als Hahn Hartmut das zweite *Kikeriki* so laut wie noch nie hinausposaunte.

»Alarm, Alarm! Ein Adler im Anflug, *Kikeriki*, Alarm!«

Die Tiere liefen plötzlich alle wie wild durcheinander. Außer den Kühen und den großen Schweinen versuchten sich alle so schnell wie möglich in Sicherheit zu bringen und in kürzester Zeit hatten alle ein sicheres Versteck gefunden. Trotz der Gefahr trieb die Neugier das eine oder andere Tier dazu, durch Ritzen in den Scheunenwänden oder des Hühnerstalls den Himmel angstvoll zu beobachten.

Hahn Hartmut hielt es für seine Pflicht, seinen Hals ganz lang zu machen, um seinen Kopf aus der kleinen Dachluke auf dem Hühnerstall zu recken, um den vollen Überblick zu behalten. Hartmut sah, das der riesige Adler seine Kreise immer enger zog und sein Ziel wohl ganz klar der Huberhof war.

Nur was das weiße Federkneuel, was der Adler in sein Krallen hielt, konnte er einfach nicht erkennen.

Obwohl Hennriette den Flug mit dem Adler über alle Maßen genoss, hatte sie beim Anblick ihres Berghofes plötzlich ein wenig Heimweh und freute sich sogar die ganzen Tiere und auch die Familie Huber wieder zu sehen. Das chaotische Gewusel auf dem Hof, das ihr Auftauchen am Himmel auslöste, konnte sie allerdings aus dieser Höhe nicht erkennen.

»So, es wird Zeit, zur Landung, kleines Hühnchen«, hörte sie den Adlervater sagen. *Och irgendwie schade, aber es ist ja auch schön, wieder daheim zu sein,* dachte sie. Da ging es auch schon im Sturzflug in Richtung eines großen Heuhaufens, der in der Mitte des Hofes lag.

Ein krächzendes Kikeriki entwich Hartmuts Schnabel, als der Adler zum Sinkflug ansetzte und vorsichtshalber zog er seinen Kopf doch zurück in den Hühnerstall.

Kurz bevor er den Heuhaufen erreichte, bremste der Adler seinen Anflug mit einigen kräftigenFlügelschlägen ab, ließ Henriette einfach aus einem halben Meter Höhe ins Heu plumpsen und landete direkt neben ihr.

Hennriette rappelte sich schnell auf und schaute sich um. Außer den Kühen und den großen Schweinen, die alle völlig entgeistert guckten, war kein anderes Tier zu sehen und da wurde ihr bewusst, dass die ja alle große Angst vor dem Adler hatten und das ja eigentlich auch aus guten Grund.

Hartmut und seine Hennenschar lugten durch die Ritzen des Hühnerstalls und trauten ihren Augen nicht. Da saß ihre Hennriette neben einem riesigen Adler auf dem Heuhaufen und das anscheinend auch noch quietschvergnügt. Auch die anderen Tiere rieben sich in ihren Verstecken die Augen und konnten nicht glauben, was sie da sahen.

»Na, Hühnchen«, brummte der Adlerpapa, »ich muss jetzt weiter noch etwas Futter für die Familie besorgen. Du weißt ja, wie hungrig die Kleinen sind. Aber weil du uns so gut geholfen hast, werden wir in Zukunft keine Beute mehr auf diesem Hof machen, das kannst du all deinen Freunden hier sagen.«
Hennriette musste schlucken und eine kleine Träne rollte über ihren Schnabel. *Jetzt geht mein großes Abenteuer also zu Ende*, dachte sie und zum Adlerpapa sagte sie: »Grüße mir die Kleinen und die Adlermama nochmal ganz herzlich und dir vielen, vielen Dank, dass du mir meinem Wunsch, wie ein Adler zu fliegen, erfüllt hast.«

Auch der Adlerpapa hatte einen kleinen Kloß im Hals und bevor Hennriette sah, dass auch er eine Träne im Auge hatte, drückte er sie nochmal ganz fest an seine breite Adlerbrust und flüsterte noch: »Wenn die Kleinen fliegen können, kommen wir dich mal besuchen.« Dann hob er mit kräftigen Flügelschlägen ab, drehte eine Ehrenrunde über Hennriettes Kopf und schraubte sich schnell in luftige Höhe. Bald war er am Horizont verschwunden.

Hennriette sah ihm wehmütig hinterher und bemerkte erst gar nicht, dass Hartmut, die Hennen und die anderen Tiere langsam aus ihren Verstecken kamen, sich um den Heuhaufen scharten und Hennriette noch immer völlig entgeistert anstarrten.

In diesem Moment kamen der Bauer und die Bäuerin aus dem Haus und auch die konnten ihren Augen nicht glauben. »Da brat mir doch einer einen Storch«, entfuhr es dem Bauern, »wie kommt denn jetzt dieses Huhn plötzlich wieder hierher?« und Bauer und Bäuerin kratzten sich beide den Kopf.

Alle Tiere, die die Rückkehr von Hennriette staunend mitverfolgt hatten, wollten natürlich ganz genau wissen, was Hennriette erlebt hatte.

Als die Sonne langsam hinter den Berggipfeln unterging, hatte sie die ganze Geschichte ihren ganz aufmerksamen Zuhörern zu Ende erzählt und auch wenn diese die Geschichte für eigentlich unglaublich hielten, mussten sie sie glauben, denn sie hatten den Flug des Adlers mit Hennriette ja live miterlebt.

In dieser Nacht schlief Hennriette so gut wie noch nie in ihrem Leben und sie träumte, wie sie mit dem Adler durch die Lüfte segelte und sie wusste: Ihr Traum hatte sich erfüllt!

Sie war das Huhn, das nicht wie, sondern sogar mit dem Adler flog!